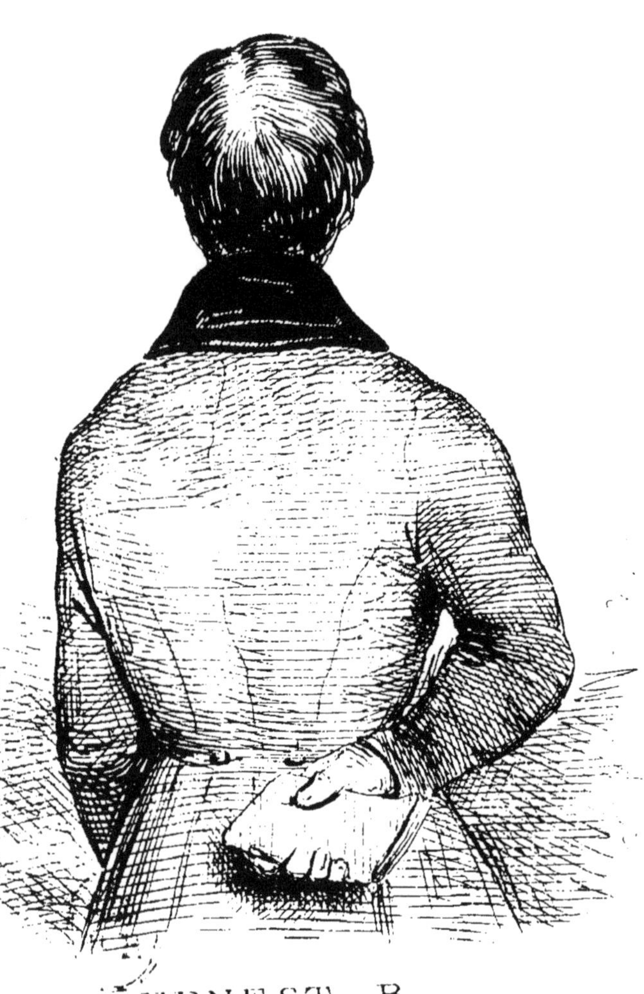

ERNEST B......

peint par lui-même ; (style de notice)

Lith. de Roux, rue de la Préfecture,

LETTRES

D'UN

RAPIN DE LYON

A UN RAPIN DE PARIS,

Par Ernest B.

2me ÉDITION, REVUE, CORRIGÉE ET AUGMENTÉE,

AVEC DES NOTES A L'USAGE DES CONTEMPORAINS,

PAR M. ABSALON, MARCHAND DE COULEURS.

> Qui fit ce paysage ?
> Croûton !
> Et ce joli visage ?
> Croûton !
> Qui donc fit cette ébauche ?
> Croûton !
> Enfin, à droite, à gauche....
> Croûton !
>
> (V^{ille} *toujours de circonstance.*)

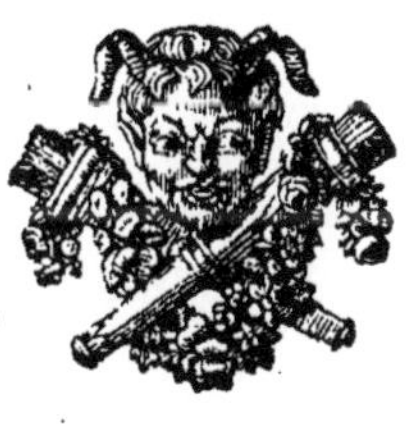

LYON.

IMPRIMERIE D'ISIDORE DELEUZE,

Rue Saint-Dominique, 13.

1837.

LETTRES

D'UN

RAPIN DE LYON

A UN RAPIN DE PARIS.

Première Lettre.

Mon cher camarade,

Je ne songe point encore à aller te rejoindre ; une grande solennité * se prépare ici. L'exposition de la *Société des Amis des Arts* va commencer; et à Lyon, comme à Paris, ces sortes de choses font naître tant de bons scandales, tant de pouffantes charges, que je serais désolé de les

* Je présume que le prote s'est trompé. M. Ernest B. connaît trop la valeur des mots, pour avoir pu écrire *solennité*, en parlant de l'exposition lyonnaise: c'est sans doute *stupidité* qu'il a voulu mettre. Cela me rappelle une faute du même genre, commise il y a quelques années par un imprimeur qui, dans un *Guid'âne* ecclésiastique, où l'on avait mis : *Ici le prêtre ôtera sa calotte*. Imprima très spirituellement: *Ici le prêtre ôtera sa culotte*, ce qui n'était pas tout-à-fait la même chose, et ce qui mit l'édition entière hors de service.

manquer ; mais, soigneux des plaisirs de mes amis, je n'en jouirai pas seul ; je te tiendrai au courant, en te laissant le soin de faire circuler, dans notre atelier, tout ce qui t'en paraîtra digne ; tu peux commencer par l'anecdote suivante, qui n'a pas mal amusé le monde artiste ces jours derniers.

Tu te souviens de M. B...., dont tu as vu quelques tableaux : les *Folles de l'Antiquaille*, peinture froide et terne, avec des figures desquelles on pouvait dire : « Elles ont des yeux et ne voyent pas, elles ont des jambes et ne marchent pas, etc., etc. » Et ses *vues d'Espagne* et du *Levant*, avec des ciels gris comme celui de Bretagne. M. B...., donc, a vendu un de ses tableaux à un individu qui, après l'avoir acheté sans condition et l'avoir payé, a cru bonnement qu'il en était propriétaire. Las sans doute de son acquisition, il ne fut pas faché de l'occasion qui se présentait de pouvoir s'en défaire, et l'envoya à la commission de la *Société des Amis des Arts*, pour prendre sa place et son numéro. M. B...., qui était déjà de mauvaise humeur contre les artistes qui, à son passage ici, ne lui avaient pas fait de réception publique, avec banquet et discours (que n'annonçait-il son arrivée par les journaux comme le poète de la Bourgogne ?*), M. B... court à l'assemblée de

* Les lecteurs de M. Ernest B. seraient peut-être embarrassés pour savoir quel est le poëte de la Bourgogne qu'il a voulu désigner ici ; car enfin il pourrait y avoir plusieurs poëtes en Bourgogne. Je crois donc devoir leur déclarer

la commission et réclame, à grands cris, le tableau vendu ; déclare qu'il ne veut pas compromettre son talent en exposant à Lyon, où l'on ne sait pas ce que c'est que la peinture, où les amateurs sont des *ganaches*, les artistes des *animaux*, etc., etc. A l'entendre, les *Provinciaux*, ce sont ses expressions (style grand seigneur), sont des ignorants, des imbécilles, que sais-je! En *province*, les maires ne savent pas lire, les adjoints sont des sots, et, pour ce qui est des architectes, oh! les architectes, ce sont des maçons, des goujats, bons tout au plus à construire des loges de fous pour y enfermer les conseillers de préfecture.

Rien de plus bouffon que cette appréciation de la *province*, disent ceux qui ont eu le bonheur d'assister à cette scène, si ce n'est pourtant l'aplomb avec lequel elle fut débitée. Ce qui n'a pas dû être aussi amusant pour M. B...., c'est que M. Etienne G......, l'un des membres

que le poète en question (le rapin dit poète, et ce n'est pas là sa plus mauvaise *charge*) est le chevalier Joseph Bard, de Chorey près Beaune, auteur de mille productions toutes plus ébouriffantes les unes que les autres, et qui entend, pour les faire *mousser*, l'annonce mieux qu'un marchand de poudre dentifrice, ou M. Emile de Gir.... M. Joseph Bard ne vient jamais à Lyon sans faire déposer dans les boîtes des divers journaux une note à peu près ainsi conçue: «L'illustre chevalier Joseph Bard, auteur des *mélancoliques*, de *Cent têtes sous un bonnet*, etc., etc., est arrivé dans nos murs.» C'est sans doute à ce tic chevaleresque que le rapin a voulu faire allusion. Qu'on se le dise, à la plus grande gloire du chevalier bourguignon vacciné... et décoré.

de la commission, trouvant la parade un peu longue, le pria d'y mettre fin d'une manière qui ne permettait pas la réplique. Pour sentir tout le piquant de l'aventure, il faut que tu saches que M. Etienne G......., homme de progrès, protecteur éclairé des arts, s'est montré aux débuts de M. B...., protecteur *généreux*. C'est lui qui lui fit faire son voyage à Alexandrie, où il fut reçu et traité comme l'aurait été le propre enfant de M. G......Bref, je n'en finirais pas, si je te disais toutes les obligations qu'il a contractées vis-à-vis de cet honorable citoyen; tu viens de lire l'historique de la première visite qu'il a faite à son Mécène.

M. B.... n'est pas de cette race d'hommes absurdes, qui peuvent dire avec le chantre des *Mules* :

J'étais un sot, jadis.

Et quelques vers plus loin :

Je n'ai jamais changé.

M. B.... a beaucoup changé, et nous devons l'avouer, il n'a jamais été un sot; il était autrefois aussi bon camarade qu'aimable ami; mais, maintenant qu'il est un homme posé, ayant une consistance sociale, et commençant à prendre du ventre, il a changé, énormément changé; il ne s'en cache pas, au reste, et disait l'autre jour, dans son *ire* contre les artistes, « Je suis bien en cour, je leur aurais fait avoir « la croix d'honneur; eh bien! ils ne l'auront « pas. * »

* M. B. s'imagine-t-il que les artistes n'ont pas déjà as-

Parole d'honneur, le fait est vrai!

Si l'exposition est privée du chef-d'œuvre de M. B...., il paraît que nous pourrons nous rattrapper sur ceux de M. G...... ; tu sais bien ce Monsieur qui a donné son propre portrait au Musée de la ville de Lyon, qui l'a accepté, parce que le Musée prend toujours quand cela ne lui coûte rien. Si tu voyais ce portrait, mon cher! il est... à peindre! G. vient d'envoyer à l'exposition deux tableaux, dont on dit des choses étonnantes; cela surpasserait, dit-on, le *Centaure* de Tardieu, le *Bucéphale* de d'Aubuisson, et même le *Milon de Crotone* du général comte d'Alvimare, où tu te souviens que nous avons compté vingt-sept loups, tant grands que petits, tant bleus que roses, pour la réfection desquels il avait planté tant de champignons sur ses premiers plans. Peut-être que ce qu'on débite sur les tableaux de M. G....... est pure calomnie ; je suis d'autant plus porté à le croire, qu'on cite dans ce moment un mot fort spirituel qu'on lui attribue. Nous le connaissons assez pour savoir qu'il est incapable de se porter à de pareils excès; donc je m'en tiens à ce que j'ai dit : ce sont des calomnies. Au reste, nous verrons bien. Dans ma prochai-

sez de croix à supporter, sans vouloir leur infliger la croix d'honneur. Cela me rappelle ce bon et digne Tamerlan de la garde nationale qui, interpellé par l'employé municipal qui lui délivrait un passeport sur les signes particuliers qui le caractérisaient, répondit avec un grand sang froid : mettez, *non décoré!*

ne lettre, je te parlerai de ma première visite à l'exposition.

Deuxième Lettre.

L'exposition de la Société des Amis des Arts n'ayant été ouverte qu'hier, je ne pourrai guère te parler aujourd'hui que de son ensemble, qui m'a paru, sous plusieurs points, en voie de progrès.

Une salle nouvellement construite a reçu les productions contemporaines ; trop basse par rapport à son étendue, nous ne parlerions pas de ce défaut, inhérent, dit-on, à la nature des localités, si on ne l'avait pas rendu plus saillant, en employant des couleurs vives et tranchantes pour la peinture des plafonds. Quarante médaillons, représentant les portraits des grands maître, sont peints sur des fonds rouges, et le rouge domine dans tous les ornements *. Cette peinture, bien exécutée d'ailleurs, vient trop à l'œil, diminue encore la hauteur du plafond, et écrase tout, L'emploi des bas-reliefs en plafonds est vicieux en général. S'éclairant mal, et seulement par un jour de reflet, ils ont toujours l'inconvénient de faire lourd ; ce n'est qu'en les laissant dans les teintes vagues et douces ou en employant une peinture monochrome, qu'on peut éviter cet écueil.

Si tu connais le nom d'un genre d'architec-

* C'est M. Dard..., architecte municipal, qui a insisté pour que le rouge fût ainsi prodigué, disant que cette couleur faisait très bien dans les châles et les tapis. Le rouge aurait bien dû lui monter à la figure en proférant une pareille sottise.

ture où rien n'est régulier, tu me le diras; c'est celui qu'on a adopté pour la construction de cette salle, où pas un caisson n'est d'équerre, et où quatre lanternons sont de grandeurs différentes; trois panneaux représentant les éternelles figures de la sculpture, de la peinture et de l'architecture, décorent le plafond ; celui de l'architecture n'est guère que de trois pieds plus grand que les autres!... mais *non erat hic locus*.

Un mot sur un poêle qui, dit-on, ne coûte pas moins de trois mille francs, et dont les ornements ont l'air d'avoir été confiés à quelque savant *pérerou* de notre ville. Ce *gros* chef-d'œuvre sert de piédestal à une Diane antique.

Une inscription (toujours sur fond rouge) envoyée par messieurs de l'Académie des inscriptions, est placée au-dessus de la porte d'entrée : *Honos alit artes*, que le public traduit ainsi : honneur aux artistes; que si je n'avais pas peur de faire honte à M. Idt, notre ancien professeur, je la rendrais par : « les honneurs suffisent aux artistes », à en juger par la manière dont on paye leurs œuvres... quand on les achète.

Je te préviens, en ami, de ne pas t'en rapporter à ce que les journaux diront à propos de l'exposition. Sans doute, ils ne demanderaient pas mieux que d'être justes et sans prévention, mais ici il n'est pas permis de dire son avis sur une mauvaise œuvre : autant vaudrait attenter à la fortune, à la vie d'un homme, que de s'attaquer à son amour-propre ; on ne serait pas plus mal venu ; il est heureux pour toi que je sois là pour te mettre en garde contre les éloges qui vont pleuvoir indistinctement sur tous les artistes ; tu verras qu'ils auront tous enfanté des chefs-d'œuvre.

Les tableaux genevois sont, comme d'habitude, arrivés en grand nombre ; mais Lugardon, le meilleur des peintres de la puissante république, n'a rien envoyé. Nous avons, en revanche, quatre Diday, roses, bleus, lilas, comme à l'ordinaire. Ses eaux ressemblent toujours, pour la couleur, à de l'aquarelle gouachée, et, pour le mouvement, elles font assez bien la *lame*, mais la lame de sabre. Henri Deville, notre ancien camarade, a aussi deux petites toiles qui me font de la peine *. Nous reviendrons sur tout cela. J'ai entrevu deux tableaux qu'on m'a dit être de Guichard ; je ne le croirai que lorsque je m'en serai assuré par moi-même.

Jacquand a quatre tableaux que je n'ai pas eu le temps d'examiner ; mai j'ai pu lire de sa prose dans le livret, et je te la prête : « Le « comte de Comminges, dévoré par une pas- « sion profonde, est venu depuis long-temps « ensevelir, dans les austérités du couvent de « la Trappe, son amour et son éternelle dou- « leur !.. Un jour, le glas retentit fortement...

* On dit que la peinture le tue ; en ce cas, il lui rend bien la pareille.

« Il annonce aux religieux la mort d'un frère...
« Ce frère est une femme* ! L'amante du comte
« de Comminges ! Dans ce tableau, Commin-
« ges, en voyant descendre le cadavre d'Adé-
« laïde dans sa fosse, s'abandonne au plus
« violent désespoir, et se jette sur son cer-
« cueil. Ce tableau a été acquis par le gou-
« vernement, qui en a fait don à la ville de
« Rennes. » — Heureusement ! nous sommes au moins sûrs d'échapper à celui-là !

Quelque rapide qu'ait été ma visite, j'ai cependant eu le temps d'admirer le *Dante* de Flandrin. Traité *crânement*, ce tableau est plein de beautés du premier ordre. J'ai vu aussi une admirable tête de moine, de Bonnefond. Je te parlerai une autre fois de son *Vœu à la Madone;* je ne te dirai aujourd'hui que le désespoir de ceux dont les tableaux sont placés aux côtés de cette singulière composition ; figure-toi que les linges *blancs* sont faits avec du jaune de Naples et du rouge! juge du reste !

Je ne veux pas finir ma lettre sans te faire faire connaissance avec *un moulin abandonné*, qui me paraît destiné à servir de prospectus au bleu Guymet ; nous passerons le dessin sous silence, pour ne nous arrêter qu'à la couleur ; le

* M. Prud'homme n'a jamais rien commis d'aussi suave. Cultivant les lettres dans ses moments de loisir, M. Jacquand prépare, dit-on, une *Épitre* à la Société des Amis des Arts ; nous en félicitons la société en général, et l'épicier en particulier; il n'y a que le public et l'éditeur, qu'en bonne conscience, nous ne puissons pas féliciter.

peintre a sans doute fait cette belle œuvre entre minuit et une heure par le clair de lune et avec des lunettes bleues. Le ciel est bleu Guymet clair, les fabriques sont bleu Guymet avec un peu de brun, les eaux bleu Guymet avec un peu de jaune, et les arbres bleu Guymet pur*!

Fais-moi souvenir de te parler de trois tableaux qui m'ont paru remplacer avantageusement ceux dont M. Rival, de la Guillotière, nous prive cette année.

Un fait qu'il faut constater, c'est la diminution des tableaux d'histoire et de genre, et la suppression complète des tableaux à l'usage de ceux qui aiment la peinture épileptique; c'est un avertissement qu'on aurait dû donner officiellement aux amateurs de ce genre, afin d'épargner à leurs *poitrines d'hommes* la douleur d'une sueur rentrée.

A ma prochaine visite, j'examinerai en détail ce que je n'ai pu voir qu'en masse, et je te ferai part de mes observations.

Troisième Lettre.

O qu'Horace aurait dû appliquer son *Genus irritabile* aux peintres et aux sculpteurs, leurs confrères, aussi bien qu'aux poètes, si, dès le temps d'Horace, ils étaient déjà comme au nôtre!

* Fort heureusement que, pour éviter la monochromie, la signature de ce chef-d'œuvre est *amaranthe*.

Si tu entendais les plaintes, les réclamations qui pleuvent de tous côtés sur messieurs de la commission, vraiment tu les plaindrais. Celui-ci expose un tableau médiocre, espérant que le jour du salon en fera un chef-d'œuvre ; on le lui place à contre-sens. Celui-là en fait un bon, mais il est mal éclairé. Cet autre fait le portrait d'un personnage fort connu, que personne ne reconnaît ; c'est qu'il est mal placé ! Et qui accuse-t on de ces succès manqués ? Messieurs de la commission ! Le public leur rend plus de justice, et avoue que, grâce à leurs soins, jamais peut-être le salon n'avait été ordonné avec plus de goût et de convenance.

Je t'ai promis de te ramener devant les tableaux de Flandrin : nous y voici. Son *Dante**, son *Berger romain*, sont d'admirables choses ; solidement dessinées, ses figures sont parfaites de poses et de mouvemens. Les extrémités surtout sont remarquabies ; mais ce qui, selon moi, surpasse tout ce qu'il a fait jusqu'à présent, c'est son *Euripide !* Il y a dans cette figure un grandiose de lignes, une richesse de contours, une science de plan, au-dessus de tout éloge. Son frère, qui n'a guère de commun avec lui que le nom, a exposé quelques portraits.

Le *Vœu à la Madone*, de Bonnefond, attire toujours la foule. Eclairé, disent les uns, par un

* La ville a fait l'acquisition de ce tableau. C'est peut-être la première fois qu'en fait d'art elle a montré un peu

rayon de soleil, par la lumière à travers des vitraux de couleur, disent les autres, ce tableau me cause des éblouissements, et j'admire la puissance de l'amour maternel qui donne à cette femme, qui prie avec tant de ferveur, la force de contempler ainsi fixément le soleil. Il est vrai qu'elle a bien un peu les yeux rouges...

Quoiqu'il en soit, à part la *blague*, (comme le dit l'auteur lui-même) qu'il a voulu faire en affectant cette singulière couleur, le *Vœu à la Madone* n'est pas moins un excellent tableau. Sa *Glaneuse* est une petite perle qui fera bien des envieux à son heureux acquéreur.

L'exposition, comme toujours, abonde en portraits. deux ou trois seulement sont très-bons, peu sont passables. Cornu est là pour un des meilleurs. Outre son petit tableau des *Amours des Anges*, que nous avons vu dans son atelier, il a donné son propre portrait, qui est vraiment admirable. Nous le citerions seul si Perlet (ce protestant qui peint toujours des moines et des saintes, il est vrai qu'il les fait bien) n'eût donné celui de M. E. D.; moins favorablement placé qne celui de Cornu, il a été moins remarqué, mais les vrais amateurs ont su le trouver. Peints grassement, ces deux portraits se recommandent par une grande élégance de touche, une vérité et une fermeté de dessin parfaites.

Il n'y a pas jusqu'aux femmes qui s'émancipent, et qui nous envoyent des portraits *excessivement décolletés*. Il paraît que peintres et modèles franchissent les lignes que notre joug barbare, brutal (en France surtout, comme chacun sait), avait tracé entr'elles et nous et que ces intéressantes victimes de notre despotisme, conspirent ouvertement contre nos droits. Mais, mesdames, vous vous pressez un peu trop; nous n'en sommes pas encore à la *haute phase humanitaire de civilisation sociale* qu'espèrent les Phalanstériens*; attendez l'accomplissement de celle de leurs prédictions qui doit nous apporter le dernier degré de perfectibilité, et qui nécessitera des lunettes à trois verres, si toutefois le troisième œil est myope.

Tu dois être impatient d'apprendre quel effet Jacquand a produit ici cette année. Habitué qu'il est à faire de la peinture *pour le bourgeois*, il a trop compté sur sa faveur. Le bourgeois commence à se déniaiser, il ne se montre plus si profond admirateur des plates et maigres figures faites comme des étoffes, des étoffes faites comme les armes, les murs, etc., etc. Si l'on se fût permis, il y a trois ans, de faire la critique des tableaux de Jacquand, les femmes et les épiciers vous auraient arraché les yeux. Cette année, on a osé lui dire que son *Comminges*, d'un effet froid, d'un système de couleur terne, ést une œuvre tout-à-fait nulle. Une *Scène de la Fronde*, où une longue petite femme pleure assez bien (douleur qui s'explique par le vigoureux poing marital qu'elle

* Y compris Mlle Beuq... et M. Clém..., littérateurs *ejusdem farinæ*.

a encore sur l'œil), me fait l'effet d'une mosaïque de différents métaux; la femme est de bronze florentin, vu la couleur de sa robe; la grande et belle oreille du mari est en cuivre rouge, etc., etc. Il y a dans ce tableau deux petites figures d'enfant dont il faudra adresser la louange ou la critique à Johannot, car elles sont exactement copiées de son *Cromwell*. Les amateurs pourront bien acheter *Cinq Mars*, *Blanche de Bourbon*, mais les artistes ne les estimeront guère plus que les cadres, qui sont à la vérité d'un goût parfait.

Je parie que tu n'as jamais vu un tableau *Symbolique*, comme dit la notice, pareil à celui de M. Orsel*! Conçu dans la manière dont quelques églises d'Italie et quelques galeries allemandes conservent d'excellents modèles, ce tableau, d'une grande dimension, et divisé en compartimens, représente, dans celui du milieu, deux sœurs, que deux puissances se disputent. Le mauvais ange de l'une, et le bon ange de l'autre essayent chacun leur pouvoir, et réussissent tous les deux **; la plinthe et les deux côtés re-

* S'il y a quelque chose de plus extraordinaire que le tableau de M. Orsel, c'est bien incontestablement les neuf colonnes de feuilleton consacrées à sa louange dans le *Courrier de Lyon*, par M. Alp.. Dup...

** Dans ce tableau que l'art confonde,
Orsel s'est montré peu chrétien :
Car chez lui, comme dans le monde,
Le mal l'emporte sur le bien.

présentent les événements de la vie de ces deux jeunes filles dans une suite de petits tableaux ; séparés les uns des autres par des ornements qui s'y rattachent d'une manière symbolique (style de notice) , et dans les quels il y a une profusion de petits poupons en maillots , qui ressemblent à s'y méprendre à des chenilles de tithymale. Je ne dirai rien du démon, il est de tradition de le représenter toujours fort laid , M. Orsel a largement usé de la permission * ; mais l'ange des bonnes pensées , qui doit être beau comme une créature céleste, est devenu , entre les mains de M. Orsel, un fort vilain monsieur, qui pourrait bien être susceptible d'un peu de claudication , si , oubliant ses belles ailes , il s'avisait de vouloir essayer ses jambes. Il est vrai que celle que je lui soupconne trop longue, ferait ample compensation avec la jambe droite de la jeune fille qui lit le livre de sagesse, laquelle jambe est d'un bon tiers trop courte. Les draperies (si on ose donner ce nom à d'économiques fourreaux de maigres étoffes) adhèrent aux corps comme des peaux de saucissons, et dessinent des formes qui me prouvent que les yeux du diable de M. Orsel n'y voyent pas ; sans cette infirmité , on ne comprendrait pas que Satan, qui choisit ordinairement fort bien ses victimes , ait pu se résoudre à essayer la

* On assure que c'est M. C... qui a posé pour la figure du diable. Ce Monsieur est en effet porteur d'un des plus laids visages de la chrétienté.

séduction d'une semblable créature *; à moins pourtant qu'en expiation de ses vieux méfaits, la colère céleste ne la lui ait réservée.

Pendant que je tiens les tableaux de genre, je veux te dire un mot de Genod, qui cherche à nous attendrir avec la douleur d'une mère qui ne pleure que d'un seul œil et en faisant une très-laide grimace; d'ailleurs, si elle a perdu un enfant de belle taille, à en juger par un hochet-monstre, qui n'a guère moins de trois pieds de long, sa fille, qui, debout sur un arrière plan, peut assez s'étendre par-dessus la table qui la sépare de sa mère, pour parvenir à l'embrasser sur un premier plan, promet bien de lui remplacer son petit géant perdu **.

Pas un mot de son *Tirailleur*, aquarelle ou sépia, crayon ou peinture; il y a dix ans que

* On affirme encore que c'est Mlle C..., la plus froide; quelques-uns cependant disent la plus chaude actrice qui ait fait gémir les théâtres de la banlieue de Paris, aujourd'hui en province, qui a servi de modèle pour la jeune fille qui se perd. M. Orsel aurait bien pu en vérité en choisir un plus joli.

** Le tableau de Genod a inspiré à M. Man..., fabricant breveté, patenté, de cantiques et de complaintes, un chant sur l'air de *Fualdès*, qui commence ainsi :

Dans un de ses jours de pioche,
Genod tenait à l'écart
Une plume de canard
Dont il en peignait le mioche,
Qui n'est plus dans le berceau,
Qu' la mère en pleur' le trousseau.

je retrouve partout cette vieille connaissance.

Ne pourrait-on pas engager M. Genod à se joindre à M. Chavanne pour faire un cours de perspective, qui redresserait un peu le *Louis XI* de ce dernier, et qui remettrait son *Réné* à son plan?

Nous n'avons qu'un seul tableau de notre ami Henri Lehemann : *Don Diego, père du Cid ;* c'est une bonne étude, qui est assez estimée.

Te souvient-il d'avoir vu au musée de Dijon un tableau d'assez grande dimension, représentant la chûte d'un bateau sur une cascade? On a copié ici la même composition sur une plus petite échelle ; mêmes figures de bois, mêmes eaux très calmes et très solides, ce qui rassure un peu sur le sort des passagers. Il faut avoir la protubérance du vol bien proéminente, pour voler ce pauvre musée de Dijon, si pauvre, qu'il est réduit à se parer de la mauvaise gravure intitulée : *Petits! Petits!*

Ducornet, né sans bras, comme le portent ses cartes de visite, a, sous le n° 90, un petit tableau qui n'est pas trop mal... pour avoir été fait avec le pied.

Quatrième Lettre.

Quand je te disais que les journaux se confondraient en louanges à tort et à travers! Lis le feuilleton du *Censeur* du 16, et tu verras que de chefs-d'œuvre M. ZZZ*. a découvert au monde *artistique*, comme il dit, non pas aux artistes, car, simples gens qu'ils sont, ils ne croient jamais avoir fait autre chose. On sait bien que ces messieurs ne sont pas difficiles en matière d'éloges, et que pour eux les plus gros sont les meilleurs ; mais ici, je ne sais pas s'il en est de même ailleurs, ils ne se fâchent pas du tout quand on leur dit la vérité cruement, ce qui prouve plus d'esprit qu'on n'en soupçonne généralement à mes compatriotes; ainsi à quoi bon faire du *pathos* quatre colonnes durant, pour rappeler des noms *chers aux arts* (usée la phrase!) dans le style des annonces des artistes pédicures? Brillat-Savarin a dit qu'on devenait friturier, mais qu'on naissait rôtisseur. M. ZZZ. s'est peut-être avisé. en s'appuyant de cet aphorisme de cuisine, qu'on naissait peintre! Je ne puis m'expliquer que comme cela cette maladie de faire des feuilletons sur les expositions, quand on ne sent de la peinture que l'odeur du vernis, et qu'on n'a jamais touché un pinceau, si ce n'est peut-être pour le laver au savon vert, en allant flâner dans les ateliers; et puis, dis-donc! cette modestie de cacher son nom sous trois Z, comme Castil-Blaze sous trois X! Pauvre Castil-Blaze! heureusement que M. ZZZ. n'est près de toi que

* M. ZZZ. n'est point encore académicien faute d'un fauteuil vacant; on n'a donc pas pensé qu'il n'avait pas besoin d'en avoir un à lui tout seul? Ce que M. Montf*** laissera de vide dans le sien, lui suffirait.

dans l'alphabet!!! Je tâcherai de savoir quel est ce *Colosse*, et je te le dirai.

La commission de la Société des Amis des Aarts a créé dans son sein un jury qui décide de l'admission à l'exposition. Tu te souviens combien on a crié à Paris contre ce que cette institution en fait d'art a d'inutile, pour ne pas dire de nuisible; ici on applaudit, et le jury lui-même se vante d'avoir fait justice de bon nombre de croûtes. En accordant au susdit jury tout le goût, la science, le tact nécessaires en pareille matière, ne doit-il pas craindre qu'on ne croie qu'il se relâche un peu de sa rigueur en faveur de telle ou telle position sociale, ou de tout autre considération de même force? Ceux des jurés qui auront été choisis parmi les artistes ne seront-ils pas accusés de jalousie, les amateurs d'ignorance; et le jury ne commît-il qu'une injustice involontaire, ne serait-ce pas déjà beaucoup trop? Plus de jury! Le public fait justice des mauvais poètes, il fera bien justice des mauvais peintres et des statuaires sans talent.

Pendant que je suis en train de me mettre en colère contre le jury, que je te dise que la commission a reçu, sans conteste, tout ce que les Genevois ont envoyé, et que les meilleures places du salon sont occupées par eux. Cela me vexe presque autant que lorsque je voyais à Paris faire les honneurs des expositions aux Kinson, aux Hayter, aux Lawrence *et tutti quanti*. Genevois ou Anglais, c'est tout un pour moi. Je ne blâmerais pas cette politesse envers des étrangers, s'ils nous la rendaient chez eux, et si elle ne leur était pas faite à nos dépens; mais on a refusé les tableaux de Mlle Chab.... qui aime la peinture de passion, et que cette sévérité déplacée découragera peut-être, et on a reçu le portrait de Mme G., uniquement parce que l'auteur de ce chef-d'œuvre est Genevois. Ce n'est pas tout : la Société des Amis des Arts, fondée dans l'intention honorable d'encourager les arts à Lyon, a acheté des Diday, des Calame, et n'a rien acheté de Fonville, agréable paysagiste, qui a exposé plusieurs tableaux, dont deux fort bons! Ce qu'il y a de plus amusant là-dedans pour les artistes d'ici, c'est que tous ont souscrit pour la fondation de la Société des Amis des Arts!

Tous les tableaux de Genève sont au moins médiocres, pour ne rien dire de plus, et suivent toujours ce déplorable système de couleur qui tuera leur école, au moins aussi bien que M. Revoil a tué celle de Lyon; mais les œuvres de Diday réunissent à elles seules les défauts de tous. Rien n'y est abordé franchement, tout est amené par glacis, point de naïveté, point d'air; un coloris de convention qui tient le milieu entre le lilas et le rose, les fait singulièrement ressembler à ces aquarelles de trente sous, qu'on vend aux Bergues, et qui représentent toujours *la chapelle de Guillaume Tell*. Calame a choisi, lui, parmi les défauts de l'école, et il a définitivement adopté le crû et le manque d'ensemble.

Il a aussi trouvé une nouvelle manière de faire les arbres. Tous les troncs et les maîtresses branches, bien détachés, s'enlèvent en lumière sur les premiers plans, et le feuillé se dispute tous les tons de vert sur les plans plus reculés. N'est-ce pas que c'est ingénieux pour les faire ressembler à des croûtons sur un plat d'épinards ?

Pour en finir avec les Genevois, je vais vite te dire que Georges a fait mieux que les autres, sans pourtant faire bien. Il est tombé dans les contours noirs et crûs qui gâtent sa *vue de Sallenche*. Guigon n'a pas voulu rester en arrière, et a fait plus mou, plus bleu, plus lilas que Diday. Nous avons aussi été gratifiés d'un paysage par une demoiselle. La politesse nous interdit d'en parler ; elle est d'ailleurs élève de Diday.

Pour me délasser un peu, je vais te parler d'une *Vue de Rouen* de notre ami Justin Ouvrié, que tu as vu dans son atelier. Il y a plaisir à voir un paysage calme, harmonieux, comme celui-là ; à admirer la transparence de ces eaux, la profondeur de ce ciel, et la vérité du ton général. Il a envoyé aussi deux aquarelles que je n'ai pas vues, mais qui ne sauraient être mauvaises, car c'est un genre où il réussit bien. Nous avons aussi une *Vue d'Amiens* de Mercey, pleine de lumière ; les devants sont irréprochables ; les fabriques ne sont peut-être pas bien d'aplomb ; il ne fait pas les moutons comme Brascassat, mais..... *ubi plura nitent.... non ego paucis offendar maculis.*

Si tu aimes le *Chic*, viens voir la *Recette manquée*, de Biard, où il y bien d'autres choses qui ont fait comme la recette ; c'est, au reste, à lui que nous devons le moins de mauvais tableaux, puisqu'il n'en a fait qu'un. Il y a, dans cette composition, juste autant d'ensemble qu'on en trouverait dans un opéra joué par des marionnettes, ou dans *Robin-des-Bois*, joué comme il l'est à présent sur le premier théâtre de la seconde ville du royaume. Tout y est détaché, isolé ; rien ne se rattache à une action, et la seule chose à laquelle je m'intéresse, c'est le sort des belles carottes qui ornent le chapeau du paillasse et qui vont se flétrir là, sans profit pour personne.

J'ai revu la *Judith* de Mme Guymet, qui était à Paris, au salon de 1827, et qu'on accusait de *trop* ressembler à la Ste Cécile du Dominiquin. Quoiqu'il en soit, il y a dans la figure et dans les draperies des choses bien peintes.

Laure nous a envoyé ses *Sœurs de charité* qui obtiennent beaucoup de succès auprès des dames ; moi, je trouve sa danseuse trop lourde pour les pauvres petits amours qui sont tout estropiés de porter un si pesant fardeau. On loue beaucoup un ange qui a les ailes diaprées comme un papillon du Brésil, et les cheveux comme une tête de Gorgone.

Je ne veux pas te parler en détail de tous les portraits qui minaudent et font des grimaces aux passants ; tu as vu cela partout : têtes penchées, cols cassés, peu ou point de bouche, yeux énormes légèrement affectés de strabisme, doigts en *pigeon vole*, et force bijoux, dentelles, etc., etc.; n'en eût-on point dans sa garde-robe, il est toujours agréable d'en avoir au moins dans son portrait. Il y en a surtout deux auxquels je m'intéresse : d'abord celui d'une dame que je crois malade d'indigestion pour avoir trop mangé du gros pâté qu'elle a dans le dos, et celui d'une superbe robe de satin, dont les yeux tournés, la tête tordue, indiquent un violent mal de cœur. Il y a bien encore celui d'un monsieur qui montre les gants qu'il vient d'acheter; mais, «j'en passe, et des meilleurs.» Dupré fait mieux que les années précédentes, il y a progrès dans les portraits qu'il a exposés *. On a de lui une lithographie de l'abbé Perrin, qui est très bien dessinée.

Ah diable! j'allais oublier Guichard; il est vrai qu'il tient plus de place dans le livret qu'au salon; mais, parole d'honneur, ses tableaux ne sont pas si amusants que je me l'étais imaginé, d'après ce qu'on en disait. Sa scène d'*Hamlet* est froide, sans action ni intérêt; mais

* M. Ernest B. n'a pas été ici assez juste pour M. Dupré. Cet artiste modeste qui n'appartient à aucune coterie, et dont pour cela on parle moins que de dix autres qui ne le valent pas, a en effet exposé plusieurs portraits d'un bon coloris, et de plus une *Baigneuse* dont la tête et le torse sont d'un joli effet. Les accessoires y sont gracieux, et sans une maudite gaze bleue qui lui enveloppe les genoux et qui s'harmonise mal avec les autres teintes, je regarderais cette page comme une des bonnes pages du salon.

enfin, si je n'y trouve pas de torses savamment indiqués, grassement peints, j'y vois au moins des têtes qui sont faites. Le modèle, sous poil rouge, qui a posé pour Jacquand, dans sa *Blanche d'Aragon*, a servi à Guichard pour son fossoyeur ; mais il l'a *peint* et Jacquand en a fait un pommeau de canne *.On assure que son second tableau est la représentation d'une fable de Lafontaine ; je ne le crois pas, je pense plutôt qu'il a voulu faire la charge de quelques personnes connues, que nous ne connaissons pas ; Guichard n'est pas homme à casser une femme, à en faire loucher une autre, exprès pour donner à ce coin du salon l'aspect d'une exposition de dessins orthopédiques ; il y a aussi, dans le fond de ce tableau une intention de paysage que je n'ai pas bien comprise, et un arbre de je ne saurais dire quelle espèce, mais qui, certes, n'est pas un laurier.

Cinquième Lettre.

J'ai passé cette semaine dans un état de

* Cela ne surprendra pas le lecteur quand il saura que M. Jacquand était né quincaillier, et qu'il s'est fait peintre. Il a donc été élevé au milieu des pommeaux de canne et, comme dit la chanson :

On revient toujours
A ses premiers amours.

convulsion perpétuel ; depuis six jours je ne fais que rugir ; sûrement, j'en ferai une maladie… et une complainte !

Figure-toi la chose la plus choquante, la plus provoquante, la plus… Bah ! la fameuse phrase de Mme de Sévigné ne me suffirait pas pour te mettre à la hauteur de l'événement qui a failli me rendre fou !

Imagine-toi que la Société des Amis des Arts, *des Amis des Arts* tu entends, qui encourage, protège et veut donner un mouvement progressif aux arts, qui cherche à faire sortir les braves Lyonnais de leur *chaîne* et de leur *trame;* eh bien ! les *Amis des Arts* ont acheté le portrait envoyé par Mme *Brune, née Pagès* ! Tu sais que nous autres rapins, nous sommes bien éloignés de cette pruderie qui pousse les hauts cris en faveur de la morale, comme si la morale était compromise pour quelques aunes d'étoffe de plus ou de moins ; mais je suis vexé de voir des gens qui s'établissent juges en fait de peinture, ne pas savoir qu'il n'y a point d'indécence dans une figure tout-à-fait nue, et qu'il y en a beaucoup dans une femme à moitié habillée.

Ainsi, la commission a refusé d'acheter de bons tableaux, sous prétexte de *nudités*, qui pouvaient effaroucher les vertus de province, et elle achète le mauvais portrait d'un modèle d'atelier, dont la pose, l'arrangement, tout, en un mot, est un chef-d'œuvre de mauvais goût ; ce portrait, dont le nu n'est nécessité ni par le sujet, ni par l'époque, a, bêtement, une épaule et un sein hors des vêtements; la figure d'une beauté très contestable, d'une vulgarité extrême, a une expression lascive, à laquelle elle doit sans doute d'avoir trouvé grâce devant ces juges sévères : et sais-tu quelle raison ils ont donnée quand on s'est récrié sur l'absurdité de ce choix : « la foule l'aimait, il fallait bien l'acheter! Ainsi, au lieu de faire justice d'une préférence de mauvais goût, inspirée par tout autre chose que l'art, en rejetant une œuvre insignifiante en elle-même, on subit l'impulsion de la foule au lieu de la diriger; on y cède, et voilà toute une population bien convaincue qu'elle est infaillible dans ses jugements, puisque messieurs de la Commission les ratifient; et on appelle cela, aller en avant, faire marcher la civilisation *artistique*! (Pardon M. ZZZ.) Mme Brune, imitatrice de Baudoin, qui n'avait dans les arts ni goût, ni pudeur, a bien compris la bonne ville de Lyon, et l'a bien exploitée; fais-lui en mon compliment, et conseille-lui d'envoyer l'année prochaine beaucoup de tableaux d'aussi bon ton; mais comme on se blase sur tout, elle fera bien, si elle veut conserver la faveur dont elle jouit, au lieu d'un sein tout seul, de montrer la gorge entière; avertis aussi Sidonie et la Boissy que les modèles sont appelés à figurer dans les galeries lyonnaises, non plus seulement comme mannequins, mais comme *portraits*. Heureux lyonnais!

A propos de portraits, j'avais oublié de te dire un mot de celui de Jacomin, fait par lui. C'est, sans contredit, la meilleure charge qu'il ait jamais faite : on voit bien qu'il travaillait pour lui. Un peintre de mes amis a mis au défi son tout petit bras droit de se prêter à une action que je te dirai plus tard pour le gaudissement de l'atelier.

Rey Laurasse a envoyé de Rome le *Catafalque de Léon X*, qui n'est pas apprécié ce qu'il vaut ; il y a d'excellentes choses, une ordonnance sage, de bons effets, et une harmonie de tons d'autant plus remarquable que la nature du sujet y prêtait peu.

Ce que j'admire le plus aujourd'hui dans notre jeune peinture ; ce n'est pas, tu le penses bien, le génie des artistes. Le génie n'est qu'accessoire en fait de peinture courante, mais c'est la facilité avec laquelle on improvise des titres aux tableaux. Je sais bien qu'un titre n'engage à rien ; mais c'est justement ce qui en fait le plus grand mérite; ainsi vous avez dans un tableau un ciel, un arbre, une fabrique, de l'eau, vous dites : « Vue de Suisse » ; quand vous êtes fatigué de votre vue de Suisse, vous glacez votre eau, votre fabrique, votre arbre, votre ciel ; vous l'amenez à une nuance de jaune raisonnable, et vous dites : « Vue d'Italie. » Je ne dis pas cela pour Achard, dont les tableaux me plaisent infiniment, quel que soit le titre qu'il leur donne; par exemple, il fera bien une *Rue du Caire* avec un cul-de-sac de village savoyard, et il mettra bien au-dessous : « Egypte », mais il ne glacera rien et ne se mettra pas en peine de vous faire un ciel du Levant, si son ciel de Chamouny lui plait. Moi, j'aime tellement ses paysages, que je snis très disposé à ne pas le chicaner sur leurs titres ; et son *Soleil couchant aux environs du Caire* est si joli, que, l'eût-il pris aux environs de Grenoble, ce n'en sera pas moins une fort bonne chose.

Thuilier nous a envoyé deux paysages, sa *Forêt du Nord*, qu'on ne saurait trop louer, et un *Moulin* assez médiocre. C'est justement celui-là que les Amis des Arts ont choisi. Ont-ils du guignon !

Les paysagistes sont ici en assez grand nombre ; à leur tête on place Guindrand et Dubuisson. Moins brillant, moins poétique que Guindrand, Dubuisson a plus de science acquise et fait plus vrai. Imitateur simple et bonhomme dans la meilleure acception du mot, il ne pare pas la nature, il la rend telle qu'il la voit ; dessinant bien les figures, faisant bien les animaux, et surtout les chevaux, il a sur la plupart des paysagistes un avantage immense, dont il ne sait pas se servir ; de temps en temps il laisse bien tomber dans ses tableaux quelques jolis animaux, mais il a l'air de les y placer plutôt comme accessoires à ses fonds et à ses arbres que comme objet principal. Il excelle aux brumes, aux nues chargées de pluie ; aussi, paraît-il avoir adopté à toujours les ciels orageux; c'est dommage, rien n'est pis que les partis pris en matière d'art: tu as pu voir à Paris sa *Vallée d'Hassly* et sa *Vue d'Unterseen*, où on remarque des arbres bien touchés, des terrains d'un ton riche, et une entente bien raisonnée des masses; la lumière y circule bien, et les animaux sont bien faits. Il a exposé un grand nombre de paysages et une *Attaque d'un convoi de blessés*, où il y a de bonnes études d'hommes et de chevaux. On comprend peu comment on s'adonne exclusivement au paysage, quand on peut faire un tableau comme celui-là.

Guindraud, mon paysagiste de prédilection, use de tous ses moyens, lui, et il a raison. Avec rien il fait un joli tableau; il compose, arrange, dérange un site, et de ce chaos il sort des choses charmantes. Fort heureux dans sa couleur, très adroit dans l'exécution, il a en amour, au rebours de Dubuisson, les ciels chauds et lumineux, et affecte beaucoup la manière de Ruisdaël. Parmi les tableaux qu'il a exposés cette année, il a essayé d'*un clair de lune*, qui n'est pas plus heureux que tous les clairs de lune morts-nés qu'on a vus jusqu'à présent: tu connais sa *Plage du Nord*, si pleine d'eau et de lumière, mais si tu voyais une *Petite marine* des environs de Naples, *Une vue près de Salerne*, *Une vue de Suisse*, tu te damnerais de ne pouvoir les acheter toutes les trois; il a encore une *Vue prise à Gonsselin*, qui est, à mon avis, un de ses meilleurs tableaux; moins brillant que d'autres, le ciel, les terrains, tout cela est calculé de manière à agrandir tellement la toile, qu'on est étonné de la petite dimension du cadre, quand on cesse de suivre les détails de cette jolie page. Il y a pourtant à faire à Guindrand un grave reproche dont il peut offrir la moitié à Dubuisson ; à voir leurs tableaux en masse, on croirait ces Messieurs beaucoup plus disposés à satisfaire les désirs de leurs amis qu'eux-mêmes; leurs tableaux sont recherchés, raison de plus pour les soigner d'avantage; il ne faut pas confondre le large avec le lâché. Si jamais leurs noms manquent à leurs œuvres, je vais t'indiquer une manière de signature appartenant à chacun, à laquelle tu ne pourras te méprendre. Guindrand aime beaucoup la terre glaise, et soit dans un chemin, soit dans un accident de terrain, tu es toujours sûr d'en trouver un morceau dans ses devants ; Dubuisson met de la fumée à toutes ses cheminées et pend des guenilles à toutes ses fenêtres*.

Fragonard père et fils. Les talents sont chez

* M. Ernest B. a oublié ici M. Fonville qui forme la troisième personne de ce trio artistique, s'il faut du moins s'en rapporter aux vers suivants qui ont couru ces jours derniers :

Nous avons dans notre cité
Des arts la Sainte Trinité ;
Car on nomme, en gens de talent,
Dubuisson, Fonville et Guindrand ;
Comme paysagiste habile,
Guindrand, Dubuisson ou Fonville ;
On peut donc mettre à l'unisson,
Guindrand, Fonville et Dubuisson !

eux épidémiques ou contagieux, car les physiologistes ne sont pas d'accord sur le mode de propagation des talents parmi les Fragonard. Quoiqu'il en soit, le père figure ici pour son *Châteaubriand* que nous avons vu à Paris en 1827. Il n'a pas gagné avec le temps; les vêtements de Françoise sont aussi fanés et les articulations de ses genoux aussi raides, car elle n'a pas encore pu venir à bout de s'asseoir sur son coussin de velours sale; et Châteaubriand est si ridicule qu'on est bien plus tenté de lui rire au nez que de le plaindre de son petit accident. Fragonard fils a exposé sa *Leçon de chant*, où tu sais que le professeur enseigne aussi les souplesses du corps et démontre le grand écart à son élève; on disait à Paris que Fragonard père et fils avaient une pensée unique, c'était une fameuse calomnie; où diable avait-on pris cela! A coup sûr ce n'était pas dans leurs tableaux, car je défie bien qu'on y trouve rien qui ressemble à une pensée, de quelque nature que ce soit.

Tu as peut-être cru que cet être immobile, silencieux, improductif, qu'on nomme Académie *, n'existait plus qu'à l'état fossile, comme tant d'autres animaux de la classe des ruminants, dont l'espèce est perdue; tu le croyais

* L'académie dont parle ici M. Ernest B. n'est point l'académie de Paris, qui compte quelques hommes distingués, mais bien celle de Lyon, dans le sein de laquelle on trouve de tout, excepté des hommes de lettres.

d'autant plus, que l'Académie ne se compose que de quelques ossements du 18e siècle, plus, de M. Raoul Rochette et de M. St-Hilaire, qui se trouvent là pour recomposer et décrire, l'un, les mœurs privées et la vie pittoresque, l'autre, l'histoire phénoménale et animale du prétendu fossile. Sûrement tu as cru cela, si toutefois tu as pensé à l'Académie, car tu as peut-être des affaires sérieuses? Eh bien! je viens te révéler son existence dans une de ses ramifications, ou mieux, sa résurrection à l'état d'homme naturel dans la personne de M. de Ruolz, cet habile statuaire qui nous avait envoyé à Paris ce fameux bas-relief du docteur Gall, dont toutes les figures avaient des fronts d'hydrocéphales. C'étaient les académiciens de Lyon qui avaient posé pour ce chef-d'œuvre de phrénologie, et c'est par reconnaissance pour la galante exagération que M. de Ruolz avait donnée à leurs cervelets, que tous ces messieurs l'ont admis dans l'honorable corps, auquel il avait fourni des têtes à mettre sous les perruques.

M. de Ruolz est un homme universel; il manie avec un succès égal la plume et l'ébauchoir; j'ai subi son discours académique, j'ai vu ses pochades en terre, ses statues en plâtre, ses bustes en marbre, et je n'ai pas plus compris à l'un qu'aux autres. Si pourtant, j'ai trouvé dans une *Martyre* une figure de Westmacott, que son ciseau n'a pas encore assez défigurée pour que je ne la reconnusse pas. M. de Ruolz a trouvé dans ses confrères, les morts immortels, de nombreux exemples de l'avantage qu'on pouvait tirer de ce qu'on appelle honnêtement *plagiat;* témoin l'auteur de *Marino*, de l'*Ecole des Vieillards*, des *Enfants d'Edouard*, etc., etc., qui s'est fait une assez jolie petite réputation à imiter Byron, Shakespeare et Kotzebüe; mais quand l'imitation va jusqu'au calque, comment cela s'appelle-t-il? excepté quelques figures qu'on ne peut l'accuser d'avoir prises à personne, à moins d'en vouloir à ces gens-là, Flatters, Chantrey, Westmacott ont été assez heureux pour fournir à l'académicien la plupart de ses modèles, qu'il est juste de dire qu'il a assez estropiés pour les rendre méconnaissables; mais les Anglais sont nos ennemis!

On a dit à M. de Ruolz, quand il a fait son discours: « faites des statues »; à présent que j'ai vu ses statues, je lui dirai: « Ne faites ni discours ni statues »; imitez en cela vos augustes confrères qui, une fois arrivés au fauteuil, ne se manifestent plus au vulgaire, et élèvent un nuage épais entre les profanes et le sanctuaire où ils se conservent aussi bien que dans le *Natrum* et le sable d'Egypte.

Il est probable que j'irai bientôt te rejoindre et que je t'écris aujourd'hui pour la dernière fois, à moins cependant que les quelques jours que j'ai encore à passer ici n'amènent une de ces savoureuses sottises qui me font si heureux: je m'empresserai alors de t'en faire part.

On vient de jeter une consolation au désespoir

que m'avaient causé Mme Brune et son portrait ; on va démolir les six mille francs de fonte et de cuivre sous forme de poële, dont je t'avais parlé dans le temps, et qui me taquinaient si fort.

Adieu, ton ami.

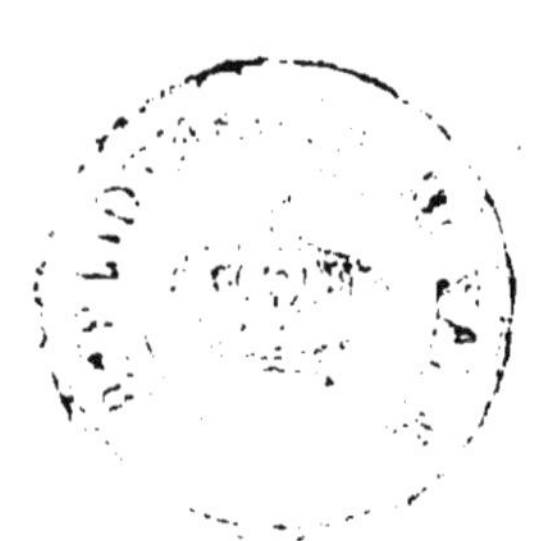

www.ingramcontent.com/pod-product-compliance
Ingram Content Group UK Ltd.
Pitfield, Milton Keynes, MK11 3LW, UK
UKHW020512180726
13839UKWH00005B/2033

9 782329 476940